AF314441

NOTICE

SUR

SAINT-HILAIRE-DU-HARCOUET

CHEF-LIEU DE CANTON

par

M. H. SAUVAGE

MEMBRE DE L'ASSOCIATION NORMANDE

CAEN

IMPRIMERIE DE F. LE BLANC-HARDEL, LIBRAIRE

RUE FROIDE, 2 ET 4

—

1871

NOTICE

SAINT-HILAIRE-DU-HARCOUET

CHEF-LIEU DE CANTON

par

M. H. SAUVAGE

MEMBRE DE L'ASSOCIATION NORMANDE

CAEN

IMPRIMERIE DE F. LE BLANC-HARDEL, LIBRAIRE

RUE FROIDE, 2 ET 4

1871

Extrait de l'Annuaire normand. — Année 1871.

NOTICE

SUR

SAINT-HILAIRE-DU-HARCOUËT,

CHEF-LIEU DE CANTON (1).

POPULATION : 3,983 HABITANTS. — SUPERFICIE :
995 HECTARES.

Par une de ces bizarreries dont le régime féodal offrait de nombreux exemples, mais dont aujourd'hui nous ne pouvons plus expliquer le motif, St-Hilaire-du-Harcouët dépendait, au X⁰ siècle, de l'abbaye de St-Benoît de Fleury-sur-Loire (2), qui avait été fondée en 625. Cet agencement était évidemment antérieur à la création du comté de Mortain ; car du jour où les fils des ducs de Normandie eurent pris possession de ce beau domaine,

(1) Nous avons déjà publié en 1855 une première notice sur St-Hilaire-du-Harcouët ; notre travail a même été reproduit dans nos *Étrennes Mortainaises* de 1856. Aujourd'hui nous donnons une étude beaucoup plus étendue composée sur des documents que nous n'avions pas encore mis à contribution. Cette notice peut donc être considérée comme une 2ᵉ édition, ou mieux encore comme une monographie entièrement neuve.

(2) *Gallia christiana,* t. XI.

ils n'eussent pas consenti sans peine à un pareil amoin-
drissement de leur pouvoir : aussi nous semble-t-il tout
à fait naturel qu'ils aient fait un accord avec les religieux de Fleury, lorsqu'ils eurent reconnu la nécessité de défendre leur territoire, menacé sans cesse par
les Bretons.

Cet événement remonte aux dernières années du
XIe siècle. A cette époque, le comte de Mortain, par une
toute-puissante impulsion, transformait de point en
point notre contrée. Plus modeste que le Conquérant,
son frère, qui fondait et consolidait un royaume, il
voulait cependant, lui aussi, léguer un nom à l'histoire.
Il dotait une collégiale à Mortain, prodiguait ses of-
frandes à de nombreuses maisons de retraite et faisait
respecter en même temps partout son autorité militaire.

Robert voulut donc choisir un emplacement pour
l'édification d'une forteresse (1) qui pût seconder puis-
samment son château de Mortain. St-Hilaire en offrait
un parfait; il l'acquit par des concessions. Cet endroit
était effectivement dans des conditions excellentes. A
peu près inaccessible du côté de la Bretagne, où le
sol formait un escarpement assez sensible, le fort
dominait encore une vaste enceinte entourée des autres
côtés par les eaux abondantes de deux rivières qui en
faisaient une presqu'île. A l'abri de ses murs élevés, les
habitations pourraient se multiplier là : l'avenir de
St-Hilaire était dès lors assuré.

Le comte fit abandon au prieuré de St-Hilaire, fondé
par Fleury, de la dîme du bourg, en exemption de

____

(1) Castrum construxit, *Charte de fondation.*

toutes espèces de droits. Toutefois, il réserva sa pleine
et entière autorité sur la Maladrerie ou hospice des
lépreux. Le roi Guillaume, ses deux fils Robert et Guillaume, Michel, évêque d'Avranches, Gilbert, évêque de
Lisieux, Hugues, abbé de Cerisy, Hugues, moine de
Troarn, apposèrent leurs signatures au pied de l'acte
qui fut rédigé. Il est daté de 1083 (1).

Telle est la fondation du château de St-Hilaire ; telle
doit être encore l'origine de son marché et de ses foires.
Le génie créateur du comte de Mortain, Robert, plane
toujours sur cette ville.

Une fois achevé, le château de St-Hilaire demandait
des défenseurs. Le suzerain en confia la garde à l'un de
ses gentilshommes. De là la famille des seigneurs pré-
posés à la direction militaire (2) de cette forteresse, qui
était comme l'un des anneaux de la chaîne de citadelles
qui comprenait le Mont-St-Michel, Avranches, Pontorson,
St-James, Les Biards, St-Hilaire, Mortain, Le Teilleul
et Domfront.

Guillaume de Saint-Hilaire est l'un des Croisés du
comté de Mortain, qui, en 1097, suivirent en Terre-
Sainte le duc Robert de Normandie (3).

Hasculphe de Saint-Hilaire et son fils, Philippe, sont

(1) *Gallia christiana*, t. XI, col. 409, 476 et 477.—M. Des Roches,
Hist. du Mont-St-Michel, t. I, p. 230. — *Mes recherches historiques*,
p. 442. — L'abbé Des Roches, *Mém. de la Soc. des Antiquaires de
Normandie*, t. XVII.

(2) *Præfectura Sancti Hilarii*, ancienne charte. — M. Le Héricher,
Avranchin monumental, t. II, p. 494.

(3) Listes des croisades. Les armoiries des seigneurs de St-Hilaire
étaient *de gueules à deux molettes d'éperon d'or*. Pitard, *Nobiliaire
du comté de Mortain*, manuscrit.

présents à la fondation de l'abbaye de Savigny, en 1112 (1).

Ce dernier, Philippe, donne en 1135 à cette même maison son droit à un demi-acre de terre (2). Suivant les apparences, c'est lui qui eut à combattre Geoffroy Plantagenet, comte d'Anjou, lors de ses querelles avec Étienne de Boulogne, depuis peu devenu roi d'Angleterre.

C'était en 1137.

Mortain venait de capituler. Geoffroy arriva devant St-Hilaire à la tête d'une armée formidable. Bientôt il fit dresser contre ses murs les échelles de siége et prépara l'assaut.

Au dire des chroniqueurs contemporains, cette place était imprenable : la nature et la main des hommes en avaient fait un point de premier ordre. De plus elle était pourvue d'abondantes munitions et soutenue par une forte garnison (3). Les défenseurs, comptant sur des secours que les Bretons leur avaient promis, combattent avec vaillance, résistent avec fermeté, repoussent les armes par la force des armes et multiplient les combats et avec eux les dangers. Le comte, de son côté, en présence de ces précautions hostiles, se fiant d'ailleurs aux heureuses dispositions de ses soldats, prend ses mesures pour intercepter l'arrivée des secours de la Bretagne, en disposant quelques escadrons sur leur passage, dans les défilés où le trajet était le plus difficile. Aussi les Bretons, retenus sans cesse dans leur marche,

(1) *Cartul. Saviniac, sub initio,* p. 1 recto.

(2) Pitard, manuscrit cité, v° St-Hilaire.

(3) Sanctum Hilarium loci naturâ et artificio firmum, victualium copiis militumque caterva munitum, aggreditur. Joannis, monachi Majoris Monasterii, historiæ *(Recueil des historiens de la France).*

jugèrent-ils prudent de renoncer à leur projet de se-
courir les assiégés. D'autre part, le capitaine du château
du Teilleul, Richard Mordont (1), essaie d'apporter, lui
aussi, des secours à ses frères d'armes ; mais repoussé
avec pertes, il ne peut que leur éviter la honte d'aban-
donner aux vainqueurs le corps et le bagage de l'un de
leurs vaillants chevaliers, Raoul de La Ferrière, qui a
péri dans la mêlée, et probablement dans une sortie
des assiégés, correspondant à l'attaque des troupes Teil-
leulaises (2).

Alors le comte Geoffroy harcèle plus activement la
garnison. Il fait approcher ses machines, et interrompt
toutes communications avec ceux du dehors qui voulaient
pénétrer dans la place. Enfin le dénouement approche.
Un jour, au lever de l'aurore, l'Angevin revêt sa bril-
lante armure, et, marchant à la tête de ses vaillants
et courageux soldats, il tente une vigoureuse attaque
contre la citadelle. Ses défenseurs cèdent bientôt; car
s'écrie l'annaliste, qui pourrait résister aux efforts du
comte Geoffroy ? Et déposant leurs armes à ses pieds,
ils sont, en considération de leur capitulation volon-
taire, accueillis par le vainqueur avec autant de bonté
qu'ils eussent été punis sévèrement s'ils eussent cédé
en désespoir de cause et contre leur propre impulsion (3).

St-Hilaire avait soutenu un long siège dans toutes ses
formes stratégiques.

Deux ans après, en 1139, le seigneur de St-Hilaire

(1) Pitard, manuscrit cité, v° St-Hilaire.
(2) Pitard, ibid., id.
(3) Joannis, monachi Majoris Monasterii, id.

est appelé Pierre. Il souscrit à un acte en faveur du prieuré du Rocher (1). Plus tard, il fait une aumône au Mont-St-Michel. Puis en 1151, 1156 et 1157, il donne à Savigny deux terres, dont l'une, la terre des Châtaigniers, est en la paroisse des Loges. L'un de ces actes est daté par lui *in aula mea*, *in castello Sancti Hylarii* (2).

Nous pouvons donner à nos pièces justificatives l'une de ces chartes précieuses pour St-Hilaire, puisque c'est peut-être le titre original le plus ancien qui concerne cette localité et dont la conservation a été assurée. Cette magnifique pièce fut écrite à Saint-Hilaire même, *apud sanctum Hylarium in burgo*. Acquise par nous des mains de son heureux possesseur pour la somme de vingt francs, nous avons été fier de l'offrir l'année dernière au riche dépôt des archives départementales de la Manche. C'était ce que nous possédions de plus beau comme calligraphie et de plus remarquable comme antiquité. Elle contenait l'aumône par Pierre de Saint-Hilaire à l'église de la Sainte-Trinité de Savigny de la terre de Mondaigné, située aux Chalonges, entre St-James et *Valanias*, sur la limite des provinces de la Normandie et de la Bretagne. Rédigée en l'année 1154, en présence de Jacques et de Hasculphe, fils de Pierre de Saint-Hilaire, et de nombreux soldats et bourgeois, elle avait pour témoins particuliers plusieurs moines de Savigny et, entre autres gentilshommes du pays, Richard et Alain de Villechien, Roger, Gui et Jean Des Loges, Guillaume Du Plessis, Geoffroy de Martigny et Guil-

(1) *Gallia christiana*, t. XI.—Archives du prieuré du Rocher.
(2) *Cartul. Saviniac*, p. 30, col. 1, f° 12.

laume, son fils, ainsi que beaucoup d'autres (1).

Mais de nouveaux malheurs vont bientôt fondre sur ces seigneurs. Hasculphe, l'un des fils de Pierre, élevé auprès du prince Henri, fils du roi d'Angleterre, Henri II, et son compagnon d'études, se trouva compromis dans la guerre qui éclata, en 1173, entre le souverain et ses enfants. Le jeune Henri prit pour prétexte que son père avait éloigné de lui Hasculphe de Saint-Hilaire, son favori, qui jouissait également de la confiance de Geoffroi, duc de Bretagne, autre fils du roi.

Hasculphe se joignit aux seigneurs Bretons qui, dans cette circonstance, levèrent l'étendard de la révolte. Avec eux, il voulut repousser les Brabançons, dont les bandes pillardes avaient été envoyées pour désoler la contrée. Tandis que Raoul de Fougères s'enfermait dans le château de Dol, Hasculphe fut fait prisonnier dans un combat terrible, avant la capitulation de cette citadelle. Il fut mené ensuite à Pontorson (2).

Un auteur moderne, M. Lhermelin (3), dit même que St-Hilaire eut alors à subir un siége des plus opiniâtres. Ses défenseurs, assure-t-il, combattirent courageusement et lui donnèrent la réputation d'être inexpugnable. Cette assertion n'est appuyée d'aucun texte ancien. Le fait nous paraît pourtant probable ; car tout porte à croire que les Brabançons vinrent effectivement essayer de surprendre le château ; seulement nous croyons que

(1) Voir nos pièces justificatives, no 1.

(2) Robertus de Monte.—Dom Morice et Dom Lobineau, historiens de Bretagne.—Roujoux, *Hist. de Bretagne,* t. II, p. 200.

(3) Lhermelin, *Voyage hist. et descript. sur les confins des départements de la Manche, etc.,* p. 26.

cet historien a fait une confusion entre les dates de
1137 et de 1173, et qu'il a confondu les deux événe-
ments. Il est bien possible, du reste, que nous n'ayons
pas bien cherché et que ce soit nous qui commettions
une erreur.

C'est de ce gentilhomme, ou de celui de ses ancêtres
que nous avons cité à la date de 1112, que St-Hilaire
a retenu son surnom de Harcouët. Il est à noter que
ce surnom lui est donné pour la première fois dans
une charte de 1210 *(præfectura sancti Hilarii qui dicitur
le Hascoït)* (1). Il dérive, sans nul doute, du prénom
Hasculphus, Hascouetus, Hasculphe, Harcoui, Hascouet,
Harcouët (2). Nous le retrouvons intact dans la charte
de 1254 que nous donnons sous le n° 2 de nos pièces
justificatives, *De sancto Hilario Hasculfi.*

Hasculphe est, du reste, l'un des plus illustres person-
nages que notre localité ait produits. Il mourut en 1177,
durant un voyage qu'il s'était engagé à faire à Jéru-
salem, avec Philippe d'Alsace, frère de Mathieu, comte
de Mortain (3).

Après lui viennent Jacques de Saint-Hilaire, qui
donna à Savigny deux quartiers de froment de rente,
pour faire le pain à chanter, deux pipes de vin, pour
célébrer les messes, et douze sous pour les corporaux,
le tout à prendre sur la prévôté de St-Hilaire (4). Jacques
est sans doute, comme Pierre, le frère de Hasculphe.

(1) *Cart. Saviniac.* — M. Le Héricher, *Avranchin monumental*, t.
II, p. 494.
(2) Anciennes chartes.
(3) Pitard, manuscrit cité.—Lhermelin, p. 26.
(4) *Cart. Saviniac.*—Pitard, manuscrit cité.

Quant à Pierre, il fit don à Jean sans Terre de 200 livres, monnaie d'Anjou, avec un cheval, afin de rentrer en saisine des domaines des Loges et de Lapenty (1). Enfin, en 1194, Robert de Saint-Hilaire, aumôna aux moines du Mont-St-Michel l'église de Boucey (2).

Les rôles normands de cette époque (1180) signalent l'existence d'une léproserie à St-Hilaire. Dans les comptes de cette année, il était porté en recette diverses sommes, savoir : 9 livres 6 sous 4 deniers pour les lépreux de cette localité, 16 deniers pour leurs vêtements et 4 sous de la dîme de la foire de St-Gilles. *Mém. des Antiq. de Norm.*, t. XV, p. 4, col. 1.—*Id.*, t. XVII, p. 188.

En 1204, lors de la soumission de la Normandie à Philippe Auguste, ce furent les Bretons qui firent le siége de St-Hilaire. Ils s'en emparèrent (3). Le seigneur de St-Hilaire qui prêta le serment de fidélité au nouveau maître porte le nom de Fraslin de Malemains (4). Ils venait d'hériter de ce fief par sa femme Jeanne de Saint-Hilaire. L'une de leurs arrière-petites-filles, également nommée Jeanne, fut mère du célèbre connétable Bertrand Du Guesclin (5).

(1) *Cart. Saviniac.—Annuaire normand,* 1855, p. 101.

(2) Pitard, manuscrit cité.

(3) Guillel. Armoricus, de gestis Philippi Augusti.

(4) André Duchesne, *Historiens normands.* Les diverses branches de la famille de Malemains ont adopté les armoiries suivantes : *de gueules à 3 mains senestres d'or, 2 et 1 ; d'or à 3 mains de gueules, 2 et 1 ; d'or à 3 mains de gueules, à un lambel d'azur.* Pitard, manuscrit cité.

(5) Hay du Chastelet, *Hist. de Du Guesclin.*

Le nom de Fraslin de Malemains est employé sur une charte originale que nous avons trouvée aux anciennes archives de Mortain. Par cet acte daté de 1254, au mois de février, il donna à l'abbaye Blanche une rente annuelle de 60 livres tournois pour l'entretien des vêtements des religieuses de ce monastère (1).

C'est à ce gentilhomme et à Jeanne, sa femme, que l'on doit la fondation de la chapelle St-Blaise, dont la charte a été publiée par l'abbé Des Roches. *Mém. des Antiq. de Norm.*, t, XVII.

Nicolas Malemains fut un des témoins d'un duel qui eut lieu entre Jean de Blanville, Pierre et Jean de Préaux et Robert de Montigny, à la cour du roi saint Louis, en 1269 (2).

Un rôle ancien des chevaliers qui furent à l'armée navale, commandée par Jean de Harcourt, en 1295, nomme Fraslin et Foulques Malemains (3).

Un mariage avait fait entrer Saint-Hilaire dans la famille de Malemains; un second mariage l'en fit sortir pour venir dans celle de La Ferrière (4). Jeanne de Malemains épousa, en 1354, Jean de La Ferrière, chevalier, ancien gouverneur de Bayeux pour le roi de Navarre, Charles le Mauvais. Ils eurent de nombreux enfants. Robert, le second d'entre eux, eut pour sa part la terre de St-Hilaire. Robert est désigné sous le surnom de Le Rebours, dans les mémoires que nous avons

---

(1) Voir nos pièces justificatives, n° 2.

(2) Pitard, manuscrit cité.

(3) Id., *ibid.*

(4) Écusson : *d'or à 6 fers à cheval d'azur, 3, 2 et 1 cloués chacun de 8 clous d'argent*. Pitard, manuscrit cité.

consultés (1). C'est lui qui détenait ce fief lors de la confection de la charte, dite de Navarre, rédigée en 1401.

Cette pièce fait connaître son importance dans les termes suivants :

« Un fief entier de haubert, dont le chef est assis en « lad. paroisse de St-Hilaire et s'extend ès paroisses de « Navetel, du Mesnilbœufs, du Buat, du Mesnil-Rainfray, « de Sourdeval et du Fresne (2). »

Robert de La Ferrière fit longtemps partie de la compagnie de Louis de Harcourt, vicomte de Châtellerault, gouverneur de Normandie. Il défendit Bayeux contre le sire de Coucy qui l'assiégeait au nom du roi de France (3).

À sa mort, il n'avait qu'une fille, Roberde, dame de Saint-Hilaire et de Sartilly. Elle épousa messire Simon Auvé, avec lequel elle ratifia, en 1454, les dons faits à l'abbaye de Savigny par ses ancêtres (4).

Sous l'invasion anglaise, le duc de Sommerset, en 1425, les avait dépouillés de vive force de leur château de Saint-Hilaire et de leur seigneurie de Sartilly. Il en avait enrichi l'un de ses chevaliers, nommé Guillaume Montquin. Malgré les fortifications qu'y avait fait ajouter le nouveau propriétaire, cette place ne put résister aux armes de Charles VII, qui la reprit et la

(1) Pitard, manuscrit cité, v° LA FERRIÈRE.

(2) *Charte de Navarre*, autrefois à la bibliothèque publique de Mortain, aujourd'hui aux archives de la Manche. Nous en possédons également un manuscrit du XVe siècle ; une copie existe à l'hospice civil de Mortain.

(3) Pitard, manuscrit cité, v° LA FERRIÈRE.

(4) *Cart. Saviniac.*—Pitard, manuscrit cité.

restitua à ses anciens possesseurs , en 1449. Ce fut sa dernière tribulation militaire (1).

Ainsi cette forteresse a soutenu pour le moins quatre siéges principaux en 1137, 1204, 1425 et 1449.

En 1504, d'après l'inventaire de Savigny , Bertrand de La Ferrière , seigneur de Saint-Hilaire, passa à l'abbaye reconnaissance de deux pipés de vin, données par ses prédécesseurs. Il reconnut encore que les hommes du monastère étaient exempts de toutes coutumes à St-Hilaire. Sa femme était Richette de Foligny (2).

Saint-Hilaire se transmet ensuite jusqu'aux premières années du XVIIe siècle , dans les diverses branches de la famille de La Ferrière. Mais à cette époque, les troubles qui ont constamment bouleversé la France, les guerres du Protestantisme et de la Ligue , les catastrophes qui ont précédé et accompagné l'avènement au trône du roi Henri IV, ont coûté à Jean de La Ferrière le sacrifice de sa fortune. Les dépenses multipliées qu'il a faites à la guerre comme à la cour, mettent son fils François, lors de son décès, dans la nécessité de vendre ses seigneuries par autorité de justice, afin d'en distribuer le prix entre ses créanciers (3).

Les membres de la famille de La Ferrière avaient passé divers aveux aux souverains, en 1565 et en 1573. Ils consistaient « dans le plein et noble fief de haubert, « dont le chef assis en la *ville et bourgeoisie* de St-« Hilaire , était composé d'un corps de logis et d'un « colombier alors en ruine, de place de château, motte,

---

(1) Rôles de la tour de Londres.—Lhermelin, passim.
(2) Pitard, manuscrit cité.
(3) Sommaire du noble comte de Mortain ; aux arch. départ.

« jardin, garenne et d'une prairie : le tout d'une étendue
« de 60 vergées. »

La ville et la bourgeoisie de St-Hilaire, avec ses marchés du mercredi de chaque semaine, ses quatre foires de St-Martin, de St-Blaise, de Pâques-Fleuries et de St-Gilles, en relevaient directement. A ce fief étaient attachés les droits de justice patibulaire pour l'exécution des sentences criminelles contre les coupables saisis dans l'étendue de son territoire ; ainsi que ceux de *gages-pleiges, cour et juridiction, hommes, hommages, rentes en deniers, grains, œufs et cire*, et ceux des *poids et mesures, aunages, mesurages, forfaitures et de visiter sur les marchandises exposées en vente*.

Cette sieurie exerçait une suzeraineté souveraine sur les fiefs du Mesnilbœufs, de Naftel, du Fresne, d'Esson, des Brulais et du Mesnilrainfray.

Les divers actes de cette procédure portent les dates des années 1598, 1599 et 1601. La mise à prix de St-Hilaire était portée à 3,343 écus 1/2 (10,000 livres.) Il fut adjugé à Jean de Poillé, grand bailli et gouverneur de Mortain (1).

Jean de Poillé (2) était des environs de Fougères. Fils d'un colonel du temps de Henri II, qui avait succombé à Châtellerault aux suites d'une grande blessure qu'il avait reçue au genou, au siége de Poitiers, il

______

(1) Originaux des anciennes archives de la ville de Mortain, transférées à St-Lo.—Mes *Recherches historiques sur l'arrondissement de Mortain*, p. 286.—Voir mes pièces justificatives, n° 3.

(2) Armoiries de Poillé : *parti d'argent et d'azur, au lion de gueules couronné, armé et lampassé d'or, brochant.* Pitard, manuscrit cité.

avait comme son père embrassé la carrière militaire ;
il se fit également remarquer dans la diplomatie.

Une alliance avec Anne Le Moyne de Sourdeval ,
dame d'honneur de la reine Louise, femme de Henri III ,
l'avait amené dans le comté de Mortain. Après André
Le Moyne de Sourdeval, maréchal des camps et armées
du roi et chevalier de ses ordres, son beau-père , et
même quelque temps avant sa mort, il lui avait succédé
dans ses charges de grand bailli de Mortain et de gouverneur de Tombelaine.

Capitaine de cent hommes d'armes et colonel de dix
compagnies de soldats à pied, Jean de Poillé s'était
signalé dans maintes rencontres ; il avait aussi négocié
avec succès, au nom du roi, avec l'Angleterre et le duc
de Mercœur. Comme récompense, Henri IV, le 28 août
1595, érigea pour lui Poillé en baronnie. Six années
après, en décembre 1601, il lui permit de ceindre son
château baronnial de murailles pour sa défense. Les
lettres en furent vérifiées au Parlement de Bretagne, le
13 novembre 1602. Henri IV le fit encore gentilhomme
de sa chambre et membre de ses conseils d'État et privé ;
enfin chevalier de ses ordres. Jean de Poillé mourut
vers 1625 ou 1626. Il fut inhumé dans le chœur de l'église
collégiale de Mortain, du côté de l'épître, tandis que
son beau-père l'avait été du côté de l'évangile (1). Pour
Anne de Sourdeval, sa femme, elle était morte à Paris
en 1608. Elle avait été enterrée aux Augustins (2).

Mais avant de mourir , le baron de Poillé avait vu
déjà grandir l'avenir de son fils Henri. Celui-ci élevé

____

(1) Pitard, manuscrit cité.
(2) État civil de Sourdeval-la-Barre.

auprès du Dauphin, et l'un de ses enfants d'honneur, avait été nommé l'un des gentilshommes ordinaires du jeune roi, Louis XIII, par lettres de 1615 (1). Comme son père, il fut bailli et gouverneur de Mortain, seigneur, patron et fondateur des églises et des paroisses de Poillé, de St-Hilaire-du-Harcouët, de St-Georges de Raintambault, de Meslé, de Montaut, les Chalonges, La Jumelaye, etc., etc.

Il a hérité de plus du courage de ses pères et il saura se faire remarquer par lui-même dans des circonstances capitales. Aux siéges de Montauban (1621), de Montpellier (1622), de La Rochelle (1628), il mérita notamment les premiers honneurs. Couvert de nobles blessures et estropié pour toujours, il reçut de Louis XIII une preuve non équivoque de satisfaction. Le roi, au camp devant La Rochelle, le 30 janvier 1628, éleva en faveur de son capitaine de cent hommes d'armes, la baronnie de Poillé en comté, et lui conféra des rubans et des décorations.

Ce fut pour le comte de Poillé un motif de plus de stimulation. Il se fit tuer au siége de Daimvilliers, où il commandait un quartier (1637) (2).

Il avait épousé Jeanne-Louise de Péricard, marquise de Molac, de la famille de trois évêques d'Avranches et d'Évreux. Elle était fille de Jean de Péricard, sei-

---

(1) Avant Louis XIII, il n'y avait que deux gentilshommes de la Chambre. Ce roi en porta le nombre à quatre. *Encyclopédie du XIXᵉ siècle*, vᵒ Bouche.

(2) Pièces communiquées.—Pièces originales des anciennes archives de Mortain, à St-Lo.—Pitard, manuscrit cité.— *Mes recherches historiques*, aux listes des baillis de Mortain.—Sourdeval-la-Barre, p. 5 et 6.

gneur de Meudon , ambassadeur ordinaire du roi en
Flandre et son conseiller en tous ses conseils.

Leur fils, François , comte de Poillé, fut d'abord
capitaine d'une compagnie de chevau-légers , bailli et
gouverneur du comté de Mortain. C'est dans l'intervalle
d'un demi-siècle, de 1591 à 1647, le troisième bailli de
Mortain de cette famille. Il devint ensuite maréchal de
camp et maître de camp d'un régiment de cavalerie.

Il épousa le 7 novembre 1638 Géneviève de Juyé ,
fille d'Isaac de Juyé , seigneur de Morisq , conseiller
d'État. Sa mort remonte aux premiers jours de juin 1677;
il fut enséputuré, le 4 juin, dans l'église de Poilley.

Un mémoire nous apprend qu'il fut vers la fin de 1661,
accusé de fabrication de fausse monnaie ; il parvint à
se disculper.

Notre désir n'est pas de nous faire ici généalogiste et
de dire les dramatiques tribulations de cette famille.
Nous nous contenterons d'indiquer que ce fut Louis-
Henri de Poillé, fils de François, qui obtint de Louis XIV,
avant 1692 , le titre de marquis de Saint-Hilaire. Sa
petite-fille , Jeanne de Poillé, le transporta par suite de
son mariage dans la famille du Bourgblanc, des marquis d'Apreville, originaires de Basse-Bretagne. Ceux-ci
concentrèrent ainsi dans leurs mains tous les droits
des Poillé (1).

Par des actes encore tout récents et qui remontent à
peine à 40 ans, le dernier des du Bourgblanc, Charles-
Marie-Henri, marquis d'Apreville, chevalier de St-Louis
et capitaine de vaisseau de la marine royale, en 1821 ,

____

(1) Pièces communiquées.

devenu, croyons-nous, contre-amiral , a aliéné les dernières parcelles de son domaine de St-Hilaire.

C'étaient les derniers Poillé qui , au commencement du XVIII° siècle, avaient fait restaurer le château dont la plupart des habitants de la ville de St-Hilaire se souviennent toujours , quoiqu'il n'en reste qu'un faible fragment.

Placé sur une motte féodale, il remontait au XV° siècle ; mais sa façade avait été revêtue sur tout son développement d'une nouvelle armure à grand appareil d'un granit brun-roux qui lui donnait un aspect sombre et sévère. Sa porte principale , haute de dix pieds, a été transportée et se voit encore à l'éntrée du cimetière communal. A chacun de ses angles, quatre tours rappelaient l'ancienne forteresse. Celles du couchant avaient une physionomie imposante , tandis que celles du levant étaient plutôt des tourelles d'ornement (1). Nous sommes heureux d'en avoir retrouvé deux plans que nous joignons à cette notice. L'un est le plan d'ensemble qui comprend le château et ses dépendances, sa cour d'honneur, ses jardins et son parc ; l'autre donne une idée complète du château sur une échelle assez vaste.

Ces Poillé avaient fait de nombreuses largesses aux pauvres et aux établissements religieux de la contrée. Ils ont laissé des traces ineffaçables de leurs bienfaits.

Jean, baron de Poillé, légua par son testament du 20 août 1625, devant les notaires du châtelet de Paris , une somme de 800 livres aux prieurs et religieux de l'hôpital de la Charité de Paris. Il constitua encore au

____

(1) Voir nos pièces justificatives, n° 5;

profit de l'hôpital de St-Yves de Rennes une rente de 60 livres, au denier 16.

Henri, alors qu'il n'était encore que baron de Poillé, dans un voyage qu'il fit à Rome, obtint du Souverain-Pontife, Grégoire XV, une bulle d'indulgences au profit de la collégiale de Mortain. A son retour, il vint la déposer solennellement sur le tombeau de saint Guillaume (1).

Lorsqu'il fut devenu comte, il fonda de plus dans la ville de Dol un prieuré de religieux de l'ordre de saint Benoît, de la réforme de la Trinité de Poitiers. A cet effet, il fit don d'une maison qu'il avait acquise, et, dans l'acte de constitution, il voulut avoir le titre de fondateur de ce monastère (2).

Enfin, sa veuve et François, son fils, établirent à St-Hilaire un nouveau prieuré de filles religieuses, dépendant de l'ordre de Cîteaux. En conséquence, ils invitèrent deux notaires de Fougères à se rendre au château de Poillé, le 30 mai 1655, et, en leur présence, ils déclarèrent vouloir expressément donner, dans la ville de St-Hilaire-du-Harcouët, une habitation destinée à servir de couvent. Ils s'engagèrent de plus à l'approprier à sa nouvelle destination, à faire entourer ses dépendances de clôtures régulières, à la meubler de tous les ustensiles nécessaires et, enfin, à faire construire une chapelle dont ils fourniraient tous les ornements. Une rente de 600 livres fut ensuite constituée en faveur du prieuré par la fondatrice, moitié sur la seigneurie des Chalonges, moitié sur la ferme du *domaine proche la*

(1) *Vie de saint Guillaume Firmat*, 1822, p. 66.
(2) Pièces communiquées,

Lande, à St-Hilaire. Les charges imposées au nouveau monastère furent simplement l'entrée libre dans ses bâtiments pour la marquise et une ou deux *damoiselles* , et des prières pour elle et les ancêtres de son fils. Nous ignorons ce que cet établissement pouvait être au moment de la Révolution. L'acte de sa constitution est à nos pièces justificatives (1).

Vers le même temps, le curé Montier , de vénérable mémoire , avait fondé aussi dans cette ville un hospice pour les pauvres malades (2).

Nous nous contentons de faire ici mention du prieuré qui existait à St-Hilaire , parce que nous en faisons l'objet d'une monographie spéciale.

La tradition locale a conservé le souvenir d'une maladie contagieuse qui ravagea St-Hilaire, les Loges et plusieurs paroisses du voisinage. C'était vers 1664. A St-Hilaire , la terreur fut si grande qu'on arbora un drap mortuaire sur la tour de l'église , comme pour avertir les voyageurs de passer à distance s'ils voulaient éviter la mort.

Dans ces circonstances , une femme du nom d'Olivier prodigua les preuves de sa charité avec un dévouement immense. Les malades abandonnés par peur ou par misère excitèrent sa sollicitude de tous les instants. Toujours on la vit porter dans toutes les maisons ses consolations et ses secours, et soigner elle-même les malheureux. Son nom doit être à jamais entouré de respect et de vénération.

Avant de clore cette notice , faisons mention d'une

----

(1) Voir nos pièces justificatives, n° 4.
(2) *Vie de Crestey*, par Grandet.

visite pastorale solennelle que fit à St-Hilaire-du-Harcouët le savant Pierre-Daniel Huet, évêques d'Avranches.
Pour ajouter plus de poids à notre propre travail,
transcrivons textuellement le procès-verbal original dicté
par lui. Nous donnerons ainsi une preuve de notre
respect pour les textes anciens et pour les sources cer-
taines auxquelles nous puisons.

« Du mercredy premier jour d'aoust 1696, sur les
8 heures du matin, sommes partis de l'abbaye de
Savigny, accompagné de nos officiers et de plusieurs
autres personnes et sommes arrivés au bourg de St-
Hilaire-du-Hascouët sur les neuf heures du matin, et
descendus au presbytère dud. lieu où le clergé nous
est venu au devant et nous a conduit processionnelement
souz un dais jusques à la grande et principale porte de
l'église, où nous avons été reçus par le sieur curé qui
nous a présenté la croix, l'eau bénite et l'encens et
conduits avec nos habits pontificaux au haut autel, le
clergé chantant le repons *ecce sacerdos magnus*, et après
avoir fait l'absolution des morts, tant dans l'église
qu'au cimetière et entendu la sainte messe, avons
visité les autels qui sont au nombre de cinq, savoir : le
haut autel, fondé de saint Hilaire, les autres de saint
Roch, du Rosaire, de saint Pierre et de sainte Anne.
Nous a été déclaré qu'il y a cinq calices d'argent et
trois vases aussi d'argent pour les saintes huiles, et
qu'il y a du linge et des ornements suffisamment ; le
cimetière est bien clos.

« Sur la demande faite au curé du nombre de ses
communiants, nous a dit qu'il y en a onze à douze cents.
La couverture de la nef que nous avons remarquée être
en méchant état, sera incessamment réparée. Soixante

livres sont payables au trésor, et 200 livres aux fondations. Les titres sont au presbytère.

« Il y a des indulgences, dont nous avons ordonné que les bulles seront représentées au sieur curé de Carnet, l'un de nos vicaires généraux.

« Il y a 3 confréries, savoir : du Saint-Sacrement, du Rosaire et du Scapulaire, dont sont majeurs les sieurs du Manoir et de Percontal (lisez de Pracontal), auxquels avons ordonné de rendre leurs comptes. Sur la remontrance faite par led. de Percontal que l'usage était de faire un service chaque année pour les confréries du Saint-Sacrement et ses plaintes de ce que cela se négligeait, avons ordonné que led. service sera continué moyennant une rétribution compétente.

« Nous a été dit que dans lad. paroisse il y a deux chapelles, savoir: celle de saint Blaise et celle de saint Yves sur la Sélune, les avons interdites à commencer au jour St-Michel prochain, jusqu'à ce que les titres nous en aient été représentés.

« Le catéchisme se fait et on assiste aux conférences régulièrement.

« Il y a un maître et une maîtresse d'école et une sage-femme bien instruite et capable.

« Sur la contestation d'entre le curé et les paroissiens dud. lieu d'une part, et la demoiselle de Boisbunon d'autre, pour une place de banc, prétendue par lad. demoiselle qui a été placée anciennement au lieu où est à présent la chaire du prédicateur avant que, pour la commodité du service divin l'on eût fait des chaises et allongé le chœur et pour le soutien de lad. demoiselle, disant que ses ancêtres ont toujours eut droit de sépulture dans la place où est à présent le chœur, avons préalablement ordonné qu'iceluy chœur sera achevé de clore et séparé de la nef par un balustre et que le banc de lad. demois. sera placé immédiatement le premier au-dessous dud. balustre et cloture du costé de l'évangile et qu'à cette fin les autres bancs qui occupent lad. place seront descendus successivement et qu'elle aura sa sépulture dans led. chœur, sans attribution néanmoins du droit là où elle ne représenterait titres valables pour la justification de ses droits et sera notre ordonnance exécutée à la diligence du marguillier et aux frais du trésor.

« Sur la remontrance qui nous a été faite par led. sieur de Percontal qu'ils ont droit de sépulture dans la partie du chœur qui a été alongé et qu'ils ont aussi droit de banc dans la chapelle du Scapulaire, avons ordonné qu'ils seront conservés dans leurs droits de banc et de sépulture suivant leurs titres si aucuns en ont et non autrement.

« Se sont aussy présentés les héritiers de Guillaume Cordon, écuyer, sieur de La Faucherie, lesquels nous ont aussy remontré que par contrat passé devant Pierre Le Tourneur et Pierre Serrand, tabellions à St-Hilaire, le 1er février 1583, dont ils se disent être saisis, ils auraient aussy droit de sépulture dans led. chœur et place de banc devant l'autel saint Fiacre qui était au-dessus du pillier où est à présent la première chaize du chœur du coté de l'épistre, avons ordonné qu'ils seront conservés dans leurs droits de banc et sépulture et qu'attendu que la place de banc est à présent occupée par lad. chaise du chœur, il sera placé immédiatement après icelle du coté de l'épistre en représentant leurs titres justificatifs.

Les deux curés de Parigny et celui de Virey se présentèrent devant l'évêque dans l'église St-Hilaire. Ils lui rendirent compte de l'état de leurs églises respectives.

« Led. jour après midy sommes retournés à l'église dud. lieu de St-Hilaire où avons administré le sacrement de confirmation à quantité de personnes tant dud. lieu que des paroisses circonvoisines.

« Ce fait, avant que de nous retirer, avons entré dans la sacristie et y avons convoqué les prêtres des paroisses ci-dessus et leur avons fait les exhortations et réprimandes convenables. »

De là , Mgr Huet se rendit à Chalandrey le lendemain (1).

Cette église, dont nous venons de décrire la règlementation intérieure, vient d'être détruite depuis à peine dix années ; il n'en reste que la tour. Nous avons voulu la visiter attentivement avant sa démolition , et voici le résumé de nos notes. Elle était de diverses époques. Le chœur était roman. A l'intérieur , il laissait voir quelques colonnes romanes du XII⁰ siècle ; à l'extérieur, son chevet offrait la disposition ordinaire de cette époque, avec trois fenêtres romanes, symbolique hommage rendu à la Sainte-Trinité. Ces fenêtres étaient fermées par des pierres.

Ces constructions romanes indiquaient bien la date de son édification qui devait remonter à l'an 1083. Vers cette époque, elle avait été consacrée par Michel , évêque d'Avranches , en présence de Tillebert , évêque

____

(1) Manuscrit original des visites pastorales de Huet , évêque d'Avranches.

de Lisieux et de Hugues, abbé de Cerisy. Des Roches , *Mém. des Antiq. de Norm.*, t. XVII.

D'autres parties appartenaient au XV⁰ siècle. Deux fenêtres surmontées de frontons aigus et ornées de feuilles roulées et de divers animaux paraissaient de l'époque de Louis XI. La tour carrée, très-pesante et terminée par un toit en bâtière, n'offre de remarquable que l'inscription qui en apprend la date M. IIIIᶜ IIIIˣˣ XV (1495), et qui est gravée sur une bande de granit, vers le milieu de la hauteur de cette pyramide. La porte principale placée sous cette tour était précédée d'un porche qui doit être du même temps ou postérieur de quelques années seulement. Enfin , une chapelle de 1688 rappelait le pieux curé Montier, de très-sainte mémoire, dont on reconnaît le tombeau au pied de la croix de l'ancien cimetière.

Quant à l'église nouvelle que cette ville a fait bâtir tout auprès de son ancien temple, elle la doit en grande partie au talent archéologique et à la persévérance de l'abbé Carnet, l'un de ses curés, qui a été habilement secondé par l'architecte Theberge. Tous les deux sont morts avant d'avoir vu leur œuvre terminée et les tours qui surmontent la façade de ce vaste édifice achevées.

Sa construction fut autorisée par une ordonnance royale du 3 janvier 1845. Le devis primitif s'élevait à 154,338 fr. 54 c.; il a été bien dépassé et a dû presque doubler. Vingt ans à peine ont été suffisants pour mener cette œuvre à fin. C'est la plus vaste église de tout l'arrondissement de Mortain.

Elle s'élève auprès du vieux château réédifié par les Poillé, et occupe la place d'une partie de l'ancienne motte féodale, entre le château et l'ancienne église paroissiale. Dans une situation délicieuse, qui lui permet de montrer à toute la contrée du sommet de ses flèches granitiques l'étendard radieux du Christ, incliné sur le sommet abrupte d'un coteau dont les pieds baignent dans un beau cours d'eau , elle présente le type du XIIIe siècle. Son ensemble mérite des éloges flatteurs. La galerie du triforium, ses sculptures , ses chapiteaux historiés du chœur, son élancement intérieur ne manquent pas d'élégance et sont bien réussis. Mais beaucoup de personnes blâment très-sérieusement le mélange insolite du granit bleu et du blanc calcaire. Le portail nous semble trop étroit pour recevoir deux baies. Les fenêtres des transepts nous paraissent ouvertes d'une façon disproportionnée et donnent une lumière trop éclatante. Les voûtes en bois, les plafonds à angles droits des bas-côtés, les lucarnes orbiculaires des clochers, la sécheresse des contreforts et des clochetons qui les surmontent, ainsi que la dureté des balustrades extérieures laissent beaucoup à désirer. Dans toute œuvre humaine rien n'est parfait ni complet. Mais ce qui surtout est un grand défaut , c'est que, nous a-t-on dit, les fidèles n'entendent que très-difficilement le prédicateur : défaut capital qui appelle une réforme.

St-Hilaire-du-Harcouët a vu naître quelques hommes distingués.

Pontas (Jean), né en 1638, célèbre casuiste , dont les œuvres sont toujours estimées , quoique contemporaines de Louis XIV. Il est mort en 1728, âgé de 90 ans.

Becherel (François), né en 1732, évêque constitutionnel du département de la Manche, mort évêque de Valence en 1815.

Le Rebours-Pigeonnière (Jacques-Anne), né en 1740,

député modeste de l'Assemblée législative de 1794, longtemps juge de paix du canton de St-Hilaire-du-Harçouët (1). Mort en 1826.

De Pracontal (Athanase-Jean-Henri), directeur et en quelque sorte créateur de l'usine métallurgique de Bourberouge, qui fut pendant longtemps la plus belle industrie de l'arrondissement de Mortain ; décédé en 1840.

Jeuvrin (Victor-Gabriel), né en 1804 , mort le 20 décembre 1867. Avocat d'un grand talent , il fut ensuite président du tribunal civil de Fougères et l'un des magistrats les plus distingués du ressort de la cour de Rennes.

Observons en terminant que nous n'avons voulu retracer ici que l'antique histoire de St-Hilaire-du-Harçouët. Son rôle présent n'est pas de notre compétence, et nous ne pouvons que nous incliner devant l'importance de son commerce actuel et devant les merveilles que ses habitants ont su y créer. Nulle localité de la contrée ne peut lui disputer le premier rang désormais.

PIÈCES JUSTIFICATIVES

N° 1.

Année 1151.—Charte de la donation à l'abbaye de Savigny , de la terre de Mondagney, par Pierre de Saint Hilaire.

In nomine Domini nostri Jhesu Christi notum sit cunctis fidelibus sancte ecclesie quod ego Petrus de Sancto Hylario pro amore Dei et salute anime mee et uxoris mee ac liberorum

(1) *Annuaire de la Manche* , 1829 , p. 296.

nostrorum et omnium antecessorum ac successorum nostrorum atque omnium fidelium christianorum concessi et dedi ecclesie et monachis Sancte Trinitatis de Savigneio in perpetuam elemosinam liberam et quietam et ab omni servitio et consuetudine absolutam totam terram de Calumpniis inter Sanctum Jacobum et Valanias que Muntdaigneium appellatur, que terra semper fuerat in Calumpnia et vastitate inter Normanniam et Britanniam. Quam terram cum pertientiis suis donaverunt et concesserunt eidem ecclesie et monachis Savigneii similiter in elemosinam Willelmus de Kerneth et Odelina uxor ejus et miserunt in manu mea conservandam et defendendam eidem ecclesie et monachis Savigneii. Et ego suscepi eam de manibus eorum et posui eam in manu Serlonis abbatis et monachorum qui cum eo erant. Concedentibus filiis meis Jacobo et Hasculfo, coram militibus et burgensibus meis apud sanctum Hylarium in burgo. Anno ab incarnatione Domini M° C° L. primo.

Teste Ricardo de Curceio et Henrico de Lineriis et Hugone filio Rualdi monachis Savigneii et Ricardo et Willelmo capellanis et Olivero filio Alani et Willelmo filio Amis et Stephano Lecoc et Radulfo filio Morant et Ricardo de Villacanis et Alano fratre ejus et Herveo Morin et Rogero de Logis et Guidone de Logis et Johanne de Logis et Willelmo de Plaisicio et Godefrido de Martigneio et Willelmo filio ejus et Willelmo Pocin et Roberto Flandeboc et Mainguido filio ejus et har.. et Gaufrido Bruneto et Willelmo filio ejus et Durando Frete et Moylane et Bernardo armigero Oliveri et multis aliis.

Charte originale sur parchemin, qui était ma propriété et que j'ai offerte aux archives de la Manche.

N° 2.

ANNÉE 1254.— *Donation faite à l'abbaye Blanche, par Freslin Malmains, seigneur de St-Hilaire-du-Harcouët.*

Universis presentes litteras inspecturis Freelinus Dominus

Malemenis miles Dominus de sancto Hylario Hasculfi salutem
in Domino noveritis quod ego pro salute anime mee et omnium
antecessorum et successorum meorum dedi et concessi Deo et
abbatie Beate Marie de Morethonio et monialibus ibidem Deo
sevientibus in puram et perpetuam elemosinam omnino liberam
et quietam LX solidos turonenses annui et perpetui redditum
habendum in perpetuum dictis monialibus et percipiendum
annuatim in festo Sancti Albini super propositura mea de
Sancto Hylario per manum prepositi ejusdem loci vel dictam
preposituram tenentes pro tempore quicumque fuerit ille in
vestibus dictarum monialium expendendum per manum prio-
risse earum hanc elemosinam meam semper tenebunt ego et
heredes mei facere reddere a preposito predicto vel dictam
preposituram tenente dictis monialibus vel earum nuncio ad
dictum prepositum facilime et sine mora vel dispendio in
perpetuum annuatim ita ut ratum et stabile perseveret futuris...
scripto presenti sigillum meum apposui in testimonium et
munimine. Datum anno Domini millesimo CC° L° quarto mense
februarii.

Charte originale des anciennes archives de Mortain, où je
l'ai copiée. Elle doit être aujourd'hui aux archives départementales.

N° 3.

22 mai 1601.—*Adjudication du domaine de St-Hilaire-du-Harcouët, au profit de Jean de Poilley.*

Nicollas de Craismare et Alexandre Bouchard, conseillers du
Roy en sa court du parlement à Rouen et commissaires d'icelle
depputtez par la chambre de lecdict en cette partie, a tous ceux
qui ces presentes lettres verront salut.

Comme à la requeste et par vertu des lettres de noble homme
François de La Ferrière, sieur de Teboësneliere et pour les

debtes de deffunt Jehan de La Ferrière vivant propriétaire et possesseur des terres fiefs et sieuries de Saint-Hilaire-le-Harcouët, decret ayt esté passé et interposé desdits fiefs, terres et sieuries en circonstances et dépendances cy après déclarées,

A scavoir un plain et noble fief de haubert et dont le chef est assis en la ville et bourgeoisie de Sainct Hilaire ou y a un antien manoir consistant en un grand corps de logis de present en ruine, place de chateau et la motte dudit fief en quoy y a garenne et un colombier en ruine, ladite motte et pourpris contenant quarante verges de terre ou environ, joint d'un costé au chemin tendant de Sainct-Hilaire au Teilleul, et d'autre costé au champ de la vigne et d'une autre partie à lad. ville et bourgeoisie,

Item une autre pièce de terre en pray, contenant vingt verges de terre ou environ, qui joint au chemin tendant de lad. bourgeoisie à la lande et commune de lad. sieurie de Sainct Hilaire et au chemin tendant dud. lieu à Sainct-James, d'un bout au sieur du Jardin, d'autre costé aud. sieur et au sieur de La Caucherie.

Et à cause dud. fief y a gage pleges court et juridiction comme à noble fief appartient, hommes, hommages, rentes en deniers, grains, œufs, oiseaux, cire et droits de pescherie aux rivières passantes par led. lieu, laquelle ville et bourgeoisie de Sainct-Hilaire tient et relève dud. fief et sieurie, en laquelle sieurie y a droits de marchés par chacune sepmaine tant au mercredi que autres jours et quatre foires par an, qui sont la Sainct Martin, Sainct Blaize, Pasques Fleuries et Sainct Gilles, desquelles foires et marchés poids et mesures aulnages et mesurages forfaicture droit de visite sur les marchandises exposées en vente appartiennent à ladite sieurie avec les amandes de bruit de marchés, clameur de haro et autres droits qui en dépendent par la coustume generale de Normandie, outre le droit de justice patibulaire pour faire l'exécution des sentences criminelles à l'encontre des coulpables qui seront aprehendés sur lad. sieurie, lesquelles rentes en deniers se consistent en quinze escus tant de sols avec trois cents gelinnes et chapons, huit boisseaux de froment, douze boisseaux d'avoine, et trois livres de cire, le tout de rentes seigneurialles sur lad. ville et bourgeoisie de Sainct Hillaire.

Duquel fief et sieurie relèvent les paroisses, fiefs, terres et sieuries qui ensuivent, savoir est :

Le fief, terre et sieurie du Mesnilbœuf qui s'extend ès paroisses du Mesnilbœuf et du Buat, dont est à present tenant noble homme Ambroyse de Goué, sieur Daudray, à cause de Demoiselle Marguerite de La Ferrière, sa femme.

Item, le fief, terre et sieurie de Navetel qui s'extend en la paroisse de present apartenant aux héritiers de feu Jouassim de Gosselin vivant escuyer sieur de Martigny sur lequel fief de Navetel y a un colombier à vol dépendant de lad. sieurie de Sainct-Hillaire.

Item, le fief, terres et sieurie du Fresne qui s'extend en paroisses du Fresne et de Sourdeval.

Item, le fief, terres et sieurie de Hesson en lad. paroisse de Sourdeval.

Item, le fief appartenant aux hoirs Gilles Poret vivant sieur du Fresne.

Item, le fief des Bruttes en lad. (lisez les brullais), paroisses de Sourdeval appartenant à noble homme Jacques Le Breton sieur de La Motte.

Item, le fief, terres et sieurie de Mesnilrainfray appartenant aux héritiers Jullien Guerou, vivant escuyer sieur du lieu, sur lequel fief du Mesnilrainfray est dusb à lad. sieurie de Sainct-Hillaire, six livres de rentes sieurialles par chacun an.

Item, le fief de la Ramelière en lad. paroisse de Sourdeval avec le fief de la Vavière s'extend en icelle paroisse.

Tous lesquels fiefs sont tenus noblement de lad. terre et sieurie de Sainct-Hilaire et ont droit de gage, plege, court et juridiction en chacun fief, et sont sujets à foy et hommage, relief, treizième et aux trois aydes coustumiers de Normandie, droits et devoirs sieuriaux envers lad. sieurie de Sainct

Hilaire et à cause du dict fief de Sainct Hilaire est dusb douze deniers par an de rente appelé la guimple, à prendre sur chacun des tenants taverne en lad. bourgeoisie, et à cause de lad. sieurie de Sainct Hilaire, le sieur d'icelle est patron fondateur, ayant droit de présenter et nommer un chapelain à la chapelle sainct Yves, et outre droit d'avoir douze deniers de rente sur la recepte du domaine de Mortain pour l'emplacement de la cohue et auditoire dud. lieu de Sainct Hilaire;

Est que vente et adjudication en ayt esté faite par devant nous le vingt deuxiesme jour de may an présent mil six cent un à messire Jean de Poilley, au palais de lad. court devant nous dits conseillers commissaires les ans mois et jours dessus, et donné en mandement au premier huissier ou sergent royal sur ce requis faire souffrir, laisser jouir led. sieur de Poilley de lad. terre et sieurie de Sainct Hilaire à lui vendue passée et adjugée à la garantie de justice sans lui estre donnée aucuns empeschements, en tesmoins de quoy nous avons signés ces présentes et ycelles fait signer à notre greffe, fait comme dessus. Signés Nicollas de Croismare avec paraphe. Le Hardy, greffier, avec paraphe. Et en marge est signé Verdier, Martin. Contre-signé Pelchat, aussi avec paraphe.

Anciennes archives de la ville de Mortain, aujourd'hui à St-Lo.

Nº 4.

30 MAI 1655.—*Fondation d'un prieuré de religieuses à St-Hilaire-du-Harcouët.*

Devant nous Jacques Colin et René de La Touche, notaires royaux en la cour de Foulgères.

Ont comparu haute et puissante dame Jeanne-Louis de Pericard, marquise de Mollac, comtesse douairière de Poilley et dame propriétaire de Saint Hilaire et haut et puissant seigneur messire François comte de Poilley, chevalier, seigneur baron de St-Georges, Meslé, Montault, les Chalonges, etc.

Lesquels meus de piété et devotion desirants pour ce subject faire quelque don et aumosne à l'église de Dieu et continuants l'affection qu'ils ont toujours portée à la congrégation des filles religieuses de l'ordre de Cystaux ont volontairement et charitablement en faveur et contemplation dud. ordre et de tout le corps d'iceluy donné et aumosné par forme de fondation perpétuelle et irrévocable une maison scituée dans la ville et bourg de Saint-Hillaire-de-Harcouët, évesché d'Avranches, commode, habitable et spatieuse pour y establir un couvent dud. ordre en tiltre de prieuré afin d'y loger et recevoir tel nombre de religieuses qu'il sera nécessaire pour commencer led. établissement afin d'y pratiquer les règles et pieuses fonctions dud. ordre laquelle maison lad. dame fondatrice en son privé nom s'oblige rendre en estat dans l'an du jour de la réception du présent la faire clore de clostures régulières et la meubler de toutes sortes d'ustancilles qui seront nécessaires pour l'habitation desd. filles religieuses, faire accommoder aud. lieu une chapelle et fournir les ornements nécessaires pour la célébration de la saincte messe et autres œuvres de piété et dévotion et pour faciliter l'entretien et subsistance de laquelle maison en tiltre de prieuré lesd. seigneur et dame fondateurs ont donné au domaine six cents livres de rente à prendre, tant moitié sur la terre des Vieux-Chalonges pour la part dud. seigneur et tant moitié sur la ferme du domaine proche la Lande pour la part de lad. dame fondatrice et pour lesquelles terres on en pourra donner d'autre quand on voudra à la charge pourtant d'en payer l'admortissement tant de l'un que de l'autre en sold principal et arrérages d'icelle lors escheues et en outre s'obligent loger le chappelain ou père qui aura le soing du spirituel de lad. maison le tout pour estre lesd. seigneur et dame et leurs parens et amis apparticipés aux prières et bonnes œuvres qui se pratiqueront en lad. maison ainsi composée et establie comme dit est lesd. seigneur et dames fondateurs ou l'un d'eux se sont réservés soubs le bon plaisir de Monseigneur l'illustrissime et reverendissime evesque d'Avranches, humblement supplié donner son suffrage à la présente fondation et de Monseigneur le reverendissime abbé de Clervaux aussi humblement supplié prendre lad. maison en sa protection filiation et dependance se reservant aussi lad. dame marquise de Mollac l'entrée libre pour elle une deux damoiselles avec elle dans led. couvent pour y praticquer ses devotions en temps que bon luy semblera parce qu'elle fera les fruicts de sa nourriture et entretien et de sesd. damoiselles sans que lad. maison en reçoive incommodité ; à la charge aussi qu'il sera dit et célébré service à perpetuité dans led. couvent au cinquiesme jour de novembre pour le repos des ames des deffuncts de la famille de Poilley et un autre service aussi annuellement et à perpétuité à pareil jour que celui du decebs de lad. dame fondatrice pour l'intention du repos de son âme se réservent lad. dame generalement tous droicts de fondatrice sa vie durante tout ce que dessus soubs le bon plaisir de sa saincteté, consentement et permission de mond. seigneur l'illustrissime et reverendissime evesque d'Avranches, diocesain dud. Saint-Hillaire, suppliant aussi mond. seigneur l'abbé de Clervaux prendre lad. maison en sa dévotion et protection après son establissement s'obligeants lesd. seigneur et dame entretenir ce que dessus à la relation des notaires soubssignés.

Ce fut fait et passé au chasteau de Poilley, en l'une des hautes salles d'iceluy, le trentiesme jour de may mil six cens cinquante cinq.

La minute signée suivant l'ordonnance et le présent délivré executoire.

Signatures Colin, notaire royal et de La Tousche, notaire royal.

Original aux anciennes archives de Mortain, armoire, rayon d'en bas, liasse de Poilley, aujourd'hui aux archives départementales.

N° 5.

XVIII° SIÈCLE.—*Toisé et devis estimatif des reconstructions du château de Saint-Hilaire-du-Harcouet.*

Maçonnerie : les murs de face auront, au droit de l'étage souterrain, deux pieds six pouces d'épaisseur. Ils seront construits en pierre de taille du pays. Le mur de face, sur la cour, y compris les deux grosses tours, sera maçonné avec mortier de chaux et sable. Le mur de face sur le jardin, les deux murs de face au bout, les deux murs de refend, seront maçonnés avec mortier de chaux et sable. L'excavation des terres, dans toute la superficie du château dont le déblais sera porté dans les fossés, aura 4 pieds de profondeur. La longueur desd. fondations, non compris les deux petites tours, qui seront reprises en sous œuvre, comme il va être dit cy après, est de 427 pieds 6 pouces de développement, y compris retour d'angle pour les saillies. La plus value du petit four à pâtisserie, estimée à 12 livres. Le perron, qui sera construit en marches de pierres du pays, est estimé, d'après détail, à 600 livres.

Détail de la pierre de taille. Pour former la porte sous le perron, comptée de sept pieds de hauteur avec crochets et lancis, dont la moitié traversera le mur, estimé qu'il y entrera 38 pieds six pouces de pierre taillée et toisée sous ses parements nus.

Les crochets et lancis des soupiraux seront pris dans la vieille pierre provenant de la démolition, cy........ mémoire.

La porte d'entrée aura dix pieds six pouces de hauteur sur 5 de largeur. Les quatre pilastres des avant-corps du château produisent ensemble 23 pieds de développement sur 120 de hauteur. Toute la pierre de taille nécessaire pour toutes les croisées de la façade sur le jardin et les têtes de cheminées, sera prise dans la démolition et taillée sur le lieu. Huit poutres pour les deux tours, de chacune 19 pieds de longueur, de 10 à 12 pouces d'équarrie.

Tours : 220 pieds courans de plate forme, cintrée pour les 4 toises de 4 à 8 pouces de gros. L'escalier sera construit en bois, rempli en carreau de terre cuite, plafonné en dessous. Estimé façon et fourniture des matériaux, non compris la descente aux souterrains oubliés dans le devis de la maçonnerie, à la somme de 300 livres.

La couverture de la maison en superficie, non compris les quatre tours, mais y compris toutes les croupes, frontons et lucarnes, produit 140 toises. Les quatre tours produisent ensemble 58 toises.

Cette pièce ne porte pas de date ; elle est du commencement du siècle dernier. Un plan au lavis du château de Saint-Hilaire y était joint.

Anciennes archives de Mortain, aujourd'hui à St-Lo.